中轴线上的

北京市景山公园管理处 主编

天津大学出版社
TIANJIN UNIVERSITY PRESS

景山并不高峻，
但 20 世纪以前，
其万春亭一直是北京中轴线上的最高建筑。

从万春亭向北眺望，
引人注目的是鼓楼和钟楼；
面南而立，
尽收眼底的则是壮丽的紫禁城。

目录

序

历史上的北京城之所以被梁思成先生赞为“无与伦比的杰作”，而且此赞语被中外学界所反复引用，我认为这不仅仅是因为北京城内有众多单体建筑杰作，更为关键的是这众多建筑杰作之间彼此关联与呼应，最终从整体上形成了一个骨骼健全、血脉畅通、贯穿南北的中轴线。即内城以紫禁城为核心，向北、向西则布置北苑（今景山）、西苑（北中南三海），外城向南分布天坛、先农坛等礼制建筑，北京城更缺不了以大量四合院式民居构成的棋盘格式的街巷背景。若以历史上的皇城为中心，北京7.8公里中轴线细分成三段，皇城内部是中段，永定门到天安门是南段，从地安门到钟鼓楼是北段。所以，当《中国建筑文化遗产》编辑部让我为《中轴线上的景山》一书作序时，顿感意义颇重。

我们从北京城核心位置的紫禁城本身的规制与格局分析，很容易想到其北侧区域其实就是皇家的寝宫，偏重于居住功能，而居于故宫正北方向的景山则是皇家的后花园。这一以寿皇殿为主要建筑群的区域，不仅在规制上像极故宫，在体量上也不亚于其他皇家建筑，同样也与其他皇家私人空间一般，鲜有人到访，直至开辟为公园。回望中轴线建筑节点乃至历史上的文化事件，明清的那些人、那些事无不显现出重要的文化遗存与故事记忆。《中轴线上的景山》一书从集聚历史入手，续写着京城文化的变迁，在述说今人应承载的社会责任的同时，又反映了对景山公园多重文化遗产的传承与精心保护的实践。

北京中轴线作为历史文化名城北京的南北贯穿的文化精髓，更是我国现存最长、最完整的古代城市轴线，其历史悠久且内涵丰富。对北京历史文化名城而言，中轴线是历史名城的一个重要组成部分，它反映出北京城的局部和整体的关系。在现代化与国际化的大背景下，北京旧城已成历史，而新的北京城正走向未来，但它永远不能偏离以历史建筑遗产为重要因素的文化脉络的走向。从这一点看，中轴线之故宫、景山等无疑是承载着历史发展与中华文化传承的重任。其中景山作为北京中轴线上一处重要的景观，也是北京市确定的拟申报世界文化遗产的北京中轴线14处遗产点之一。随着寿皇殿向公众开放，为北京中轴线上的建筑整体“亮相”添加了浓重色彩的一笔。这也是景山公园让文物“活”起来，利用文物助推北京更好地传承发展优秀文化传统而采取的值得称道的新举措。面对全国上下都在从新高度、用新时代的新视角去把握文化挖掘的大趋势，必须将不断变化的城市与公众文化需求接轨。希望《中轴线上的景山》一书对使用现有资源，坚持文化的传承与创新，展示现有技术手段诸方面有所作为，更希望它成为解读景山公园优秀历史文化的好读本。是为序。

单霁翔

中国文物学会会长、故宫博物院院长

2019 年 3 月

The Old Beijing has been hailed by Liang Sicheng, a Chinese architect and scholar often known as the father of modern Chinese architecture, as an “unrivaled masterpiece” that has been repeatedly quoted by scholars at home and abroad. Such acclaim has been earned not only through numerous outstanding individual buildings in Old Beijing, but more importantly, through the north–south Central Axis featuring perfect blend and integration of these buildings into an overall well–structured system. With the Forbidden City at the center, the Central Axis extends north to the Northern Garden (today’ s Jingshan) and west to the Western Garden (northern, central and southern lakes) in the Inner City, while stretching south to ceremonial buildings like Temple of Heaven, Temple of Agriculture and the like in the Outer City. Besides, mention the Old Beijing and you won't miss the abundant quadrangle courtyards in a layout of chessboard. With the Imperial City at the core, the 7.8km-long Central Axis could be divided into three sections, including the middle section of the Imperial City, the southern section from Yongding Gate to Tian'anmen, and the northern section from Di'an Gate to the Drum Tower and Bell Tower. When the editorial board of the Chinese Architectural Heritage commissioned me to preface the Jingshan on the Central Axis of Beijing, a sense of mission was fueled in me.

Given the structure and purpose of the Forbidden City at the core of the city, it doesn't take so great a leap of imagination to conclude that the northern area would be the imperial palace for resting and the Jingshan Hill to the north of the Forbidden City would be the back garden. The area featuring the main building of the Hall of Imperial Longevity is strikingly similar to the Forbidden City in structure, almost as large as other imperial buildings in size, and as private as other imperial spaces with few visitors until it's open to the public as a park. Looking back at the milestones and historical events about the Central Axis, those people and events in the Ming and Qing Dynasties constitute an important part of the cultural heritage and historical record. Packed with historical stories, the book Jingshan on the Central Axis of Beijing offers a genuinely revealing look into the cultural changes in the capital city and the social responsibilities for the contemporary people, while giving prominence to the inheritance and preservation of cultural heritage in the Jingshan Park.

As the longest and best preserved urban axis from ancient China, the north-south Central Axis is invested with the cultural essence of Beijing, a renowned historical and cultural city, boasting a long history and rich implications. As an integral part of Beijing, the Central Axis mirrors the relationship between the parts and the whole of the city. Against the backdrop of modernization and globalization, Old Beijing has become history and a new Beijing is heading for the future. However, the historical architectural heritage will always constitute an important part of its culture. In this sense, the Palace Museum, Jingshan and other buildings along the Central Axis should undoubtedly assume the responsibility of carrying forward the Chinese history and culture. Jingshan is an important landscape on the Central Axis and one of 14 heritage sites along the Central Axis to apply for UNESCO World Cultural Heritage. As the Hall of Imperial Longevity has been open to the public, Jingshan Park added weight to the demonstration of the building complex along the Central Axis of Beijing. In this way, Jingshan Park has enlivened the cultural heritages and facilitated better inheritance and development of brilliant cultural traditions in Beijing.

In a new era of exploring culture from new perspectives and new heights, we need to satisfy the ever-changing urban and public demands. We hope that the book will make the best use of existing materials to promote cultural inheritance and innovation, display the achievement made through modern techniques, and make an excellent introduction to the splendid historical culture of Jingshan Park.

Shan Jixiang

President of Chinese Cultural Relics Society, Curator of the Palace Museum

March 2019

编者前言

景山位于北京老城的核心地带，是北京中轴线之巅，它丰富了这条传统轴线的立体空间，承载着老城布局的架构主旨，传承着中华对称美学与建城文化。

景山与这条轴线密不可分。在此书之前，我们也曾出过关于景山历史、文化的相关书籍，但关注的视角是不同的。之前图书多以历史为轴、以发展为线，重点梳理的是景山与故宫的关系。明清两代这里曾是故宫的重要组成部分，是皇宫御园，是紫禁之巅。随着老城保护的深入推进，*2018* 年景山实现了使用功能的完善，恢复、展示历史功能与价值的工作往前推进了一大步。在腾退文物、开放景区的整体工作中，我们变换视角，发现了中轴线与景山密不可分的

在万春亭北侧观景台前迎来新的日出

在夕阳余晖下，于景山眺望
北京西边的天际线

关系，让我们可以重新审视景山与建城的关系、景山与皇宫的关系、景山的独特价值与魅力。现将近期的收获集结成册，以不一样的视角重新审视中轴线上的景山。

中轴线上的景山在不同历史时期担负着不同的历史使命。作为国家级文物保护单位，我们始终担负着保护、传承、合理展示、传播文化的责任。此次出版《中轴线上的景山》，旨在梳理、展示老北京中轴线的价值，景山作为中轴之巅的魅力，景山内古建筑的艺术价值与实用美学，曾经的历史功能承载和传递的传统文化的力量。

未来景山公园将进一步落实习近平总书记视察北京时的重要指示精神，落实北京市“十三五”规划和老城整体保护规划，找准景山新定位，建设中轴文化客厅，树立文化自信新地标，积极构建人文景山、艺术景山、魅力景山、智慧景山。景山公园将以完整的历史风貌展现在游客面前,为老城区整体保护和首都核心区建设增光添彩。

丛一蓬

北京景山公园园长

2019年1月

Located at the heart of the old city of Beijing, Jingshan is one of the important elements of the Central Axis of the city. Consistent with the architectural theme of the spatial pattern of the old city, it adds to the charm of the axis and embodies traditional Chinese aesthetics ascribed to structural symmetry as well as principles of traditional Chinese urban planning.

Jingshan is an inseparable part of the Central Axis. Before this book, we have published other books on the history and culture of Jingshan, but the perspectives are different. Previous books focused on the history and evolution of Jingshan, with special attention on the relationship between Jingshan and the Forbidden City. During the Ming and Qing Dynasties, Jingshan was an important part of the Forbidden City. It was an imperial garden and its summit was the highest point of the Forbidden City. As part of Beijing's endeavor to conserve the old city, all planned functions of Jingshan were restored in 2018. Remarkable progress has been made in restoring historical functions and values of Jingshan. During the removal of cultural relics and preparation for the opening of Jingshan, we tried to dig deep into the history of Jingshan from a different perspective and discovered the inseparable relationship between the Central Axis and Jingshan, which opened up new horizons for our study. We re-examined the relationship between Jingshan and the city, the relationship between Jingshan and the Imperial Palace, and the unique value and charm of Jingshan. This book presents the latest results of the re-examination.

Jingshan has performed different functions during different historical periods. Representing a state-level cultural relics protection agency, we are responsible for the care, conservation, promotion, and rational use of cultural heritage. Jingshan on the Central Axis aims to demonstrate the value of the Central Axis of Beijing's old city, the historical and artistic values and practical functions of Jingshan and its ancient structures, and the power of traditional culture.

Jingshan Park will continue to follow the important instructions of General Secretary Xi Jinping, implement the 13th Five-year Plan of Beijing and the overall protection plan of the old city, re-position Jingshan as a cultural salon for the Central Axis and a new landmark that shows China's cultural self-confidence. We will continue to increase the appeal and strengthen the cultural and artistic values of Jingshan and wisely use smart technologies in the park. Jingshan Park will be open to the public, bringing visitors up close to interesting historical moments of which it is a part, and adding to the appeal of the old city and the core area of Beijing.

Cong Yipeng
Director of Beijing Jingshan Park
January 2019

自南向北观看，景山上郁郁葱葱，五座佛亭一字排开，一览无余

篇一

景山——北京中轴线文化之巅

在北京这座世界性历史文化名城中，中轴线乃北京规划建设上的最大“亮点”，这不仅仅是北京城市格局与历史风貌的体现，还在于它汇集了不同历史时期最具代表性的建筑遗产（遗迹），丰富着北京城的轮廓线。追寻贯穿时空的北京中轴线，仿佛走在北京文脉的脊梁上，从永定门外的燕墩，到中轴线之巅的景山公园，再到钟鼓楼畔听“回声”，气势如虹的中轴线，书写着我国都城的规划史和营建史，其文化渊源与厚重感，既穿越历史，又通向未来。所以，这是北京，更是世界上独一无二的城市中轴线，而鲜为人知的是，高规格的景山公园建筑组群不仅以其高度雄踞中轴线，更有其值得还原的历史与现当代文脉。

提到景山，对于大多数曾亲临游览或只限于书本、影视的人而言，最耳熟能详的历史故事，恐怕就是明末李自成攻克北京城之际，崇祯皇帝选择在此（时称煤山）自缢。但很少有人追问：为什么他不在紫禁城自我了断，而要再登临一次煤山呢？这肯定是众说纷纭，没有确切答案的。但有一点是可以想见的：作为城内的制高点，从这里向北瞭望，可以最早知道城北的战况；而向南俯视，则紫禁城之壮丽尽收眼底——这正是一个失败的君王最终明了败局已定的地方，也是这位亡国之君临终最后一次回顾列祖列宗辉煌业绩的最佳去处。崇祯煤山自缢的往事，客观上说明了景山在北京城内地理位置的独特——把控全局之关键节点。

1

2

3

1
立于景山最高峰万春亭下的一通石碑

2
历史上山体荒芜的景山

3
早期对于北京中轴线研究做出贡献的梁思成先生（上）及侯仁之先生（下）

一、巨匠眼中的北京中轴线

梁思成（1901—1972）是20世纪研究北京中轴线的首位学者，其代表作是《中国建筑史》。侯仁之（1911—2013）是另辟视角研究北京中轴线的另一位大家，在中国第一部关于城市历史地理研究的专著《北平历史地理》中，他同样精辟地分析了北京中轴线的价值。

梁思成在《中国建筑史》中写道：“就全局之平面布置论，清宫及北京城之布置最可注意者，为正中之南北中轴线。自永定门、正阳门，穿皇城、紫禁城，而北至鼓楼，在长逾七公里半之中轴线上，为一贯连续之大平面布局。自大清门（明之“大明门”，今之“中华门”）以北至地安门，其布局尤为谨严，为天下无双之壮观。”1950年，梁思成与陈占祥先生共同提出关于北京旧城两点基本认识，其一，“北京城之所以为艺术文物而著名，就是因为它原是有计划的壮美城市，而到现在仍然很完整地保存着”。此外，梁、陈二人也意识到，这种传统设计秩序有其时代局限性，于是便有了其二的观点，“北京城有秩序部署，有许多方面是过去政治制度所促成的。他特别强调皇城的中心性，将主要建筑群集中在南北中轴线上，所分布的区域是六平方公里的皇城。所以，内城的其他区域都是环绕或左右辅翼这皇城的长条地带，再没有开展的其他中心”。梁思成在1951年《都市计划的无比杰作》文章中，用赋有诗一般语境的话，热情赞美北京明清中轴线设计，他主要强调：“凸字形的北京，北半是内城，南半是外城，故宫为内城核心，也是全城的布局重心……贯通这全部的是一根直线，一根长达8公里，全世界最长，也最伟大的南北中轴线穿过了全城……”梁思成进一步赞美道：“北京独有的壮美秩序就由这条中轴线的建立而产生……有这样气魄的建筑总布局，以这样规模来处理空间，世界上就没有第二个！”

侯仁之在《北平历史地理》专著中，特从历史地理学视角对明清时期北京城中轴线展开分析。他认为，1420年，太庙、社稷坛始建竣工，它们组成直通皇宫正门的御道，而此御道也恰好与确定新钟鼓楼和皇宫位置的中轴线相重合。在皇宫的正北，即中轴线上，推起了一座人工小山。他指出，这山的意义不仅在于提供了一个鸟瞰皇宫的最佳位置，而且它几乎是全城规划的几何中心，在此北京城富有想象力的设计达到极致。侯仁之写道：“到1420年北京城的重建按计划完成时，人们看到，

1

盛夏季节一缕阳光下，飞鸟在景山公园内觅食

2

万春亭及其西侧踏步

1

紫禁城和景山为严格原貌保护区，故宫是轴线重要景观，景山南望所呈现的是北京皇城最主要的景观视廊。所以，我们要用人类文化遗产观去认识中轴线，倡导“原真性”保护，要以强化中国气质及“申遗”为目标，保护并建设中轴线。

新规划的所有重要建筑都以这条南起大城前门，北至钟鼓二楼的直线为中线东西均衡对称分布。这种沿着中轴线布局的几何图案之美尤其引人注目，这一布局一直保留至今。”在此后的数十年中，侯仁之一直呼吁北京中轴线保护，这成为他生命中不可缺少的内容。在《试论北京城市规划建设中的三个里程碑》一文中，他强调了它们与中轴线的关联。第一个“里程碑”系北京城的中心建筑紫禁城，它自然是中轴线之核心；第二个“里程碑”即新中国后的天安门广场，它赋予悠久的传统中轴线以崭新意义；第三个“里程碑”，他指第十一届亚运会召开和国家奥林匹克体育中心的兴建，使中轴线有了承前启后的作用。

建筑界前辈梁思成、侯仁之对北京中轴线的分析，更让后人认识到保护并利用中轴线这一都城规划的“活化石”。中轴线乃北京过去与现代的城市空间之轴、政治文化之轴，它为何经历几百年仍保有旺盛的生命力，它有哪些历史文化渊源及重要变迁，沿线建筑何以成为中轴线的“见证者”，这些都是人们应该找寻的历史与文化并存的问题。毫无疑问，历史的深邃与简洁、变迁与稳态都聚焦在这根笃实“京城之轴”中，合理利用中轴线文化遗产，有效传承历史文脉，意义重大。在论及北京中轴线与西方巴黎、华盛顿等城市中轴线相比时，侯仁之先生强调，由于它们所反映的设计理念不同，因此在空间处理上大相径庭，北京中轴线从北向南，其设计不仅受自然因素制约，更取决于中国历史文化与社会政治的传统。北京中轴线活性保存着中华文化的魂魄，焕发时代特有的神韵，成为北京城壮美的集大成者。在此背景下，与北京城总体规划相衔接的《北京中轴线申遗保护规划》等计划或导则正在编制推进之中。

1
北京中轴线神武门—景山万春亭—钟楼段高差变化剖面示意图

2
屋檐下的花卉

3
自万春亭下遥望北侧中轴线

4
景山公园东北侧林木茂盛的步道

1

2

3

4

在皇城历史文化旅游区设计上，要恢复传统中轴线景山至地安门的视觉结构，要保护好景山北望鼓楼的视廊和俯瞰城市的视廊，保护景山使其仍为中轴线上重要观景点，强化地安门内大街轴线空间的秩序格局，从而增强地安门内大街对景山的可感知性。

二、景山——旅游热线上的焦点话题

当代的北京不仅仅是我国的政治中心、文化中心，更是久负国际盛誉的中国历史文化名城，尤以全市范围内众多文物古迹吸引着全国乃至全世界的目光。紫禁城、长城、颐和园、天坛、北海……一连串文化瑰宝令人目不暇接。这一连串文化瑰宝之中，景山的名字是不可或缺的。

景山作为明清两代最靠近紫禁城的一处御苑，位于紫禁城正北，南与神武门隔街相望，西临北海，是明、清北京城中轴线上的制高点，是俯瞰全城壮丽景观的最佳观景台，同时又在军事防御意义上为皇宫的屏障，其自身也以亭台楼阁之精美而自成一家皇家园囿之体系，理应在中国建筑史上占据一席要地，吸引更多公众的瞩目。

在现存历史文献中，《旧都文物略》系一部文物学意义上的重要著作，书中“园囿略”部分谈及景山，有凝练隽永的文字描述并附三张珍贵的历史照片：

“景山亦名万寿山，俗呼煤山。山周二里许，循坡遍植松柏，翠色参天，层阴匝地，景物极优。清时改称景山。山上依地望高下，分建亭阁。入门南向为绮望楼，内供孔子牌位。山上有五峰，峰各建亭，最高主峰曰万春亭。登此亭远望，全城在目。有铜佛一座，为人截去左臂。左二亭，曰观妙，曰周赏。右二亭，曰辑芳，曰富览。东麓道旁，有古槐一株，为明崇祯帝殉国处，现有碑。山北为寿皇殿，东西各有配殿，系仿太庙制而约之。其旁旧有永思殿、观德殿、兴庆阁，今多朽坏，无足观矣。按《野获编》：万岁山下相传其下皆积石炭，已备闭城不虞之用，故俗又名煤山。”

“明顾景星《万岁山》诗并序：辽始，筑土山。宣和中，汴京筑艮岳。每驾幸，群鸟飞鸣，主山者唱：万岁山鸟雀迎驾。金主移艮岳花石于此，历代为游幸之所。

禁城朝日敞曈朦，玄武门前望郁葱。
种就虬龙皆绕殿，教成鸟雀解呼嵩。
萧条云气来天寿，呜咽流泉出御宫。
历代相传行乐地，更无杜宇敢啼红。”

“清成德《景山》诗：
雪里琼华岛，云端白玉京。
削成千仞势，高出九重城。
绣陌回环绕，红楼宛转迎。
近天多雨露，草木每先荣。”

字里行间展示出景山最值得重视的地方：相比京城众多宫殿、寺庙、园囿，景山集中了儒释道三种宗教信仰性质的文化要素，并与太庙等具有相同的礼制地位；园中山石极有可能为北宋东京汴梁（今河南开封）之艮岳旧物，说明其历史沿革不仅可上溯辽金，且代表了部分与辽金同时的北宋之造园趣味。

1

2

1
园内的牡丹

2
院落内古木参天

3
晨曦下景山冬日初雪

3

自万春亭向北眺望的视野极其开阔，北侧中轴线及城市天际线在此尽收眼底

说起北宋艮岳，即宋徽宗所营建的一处皇家园林，园中为叠山理水而不恤财力汇集全国之奇石与花卉名品。换句话说，景山园内每一块看似寻常的太湖石或黄石，都有可能是原产江苏太湖，经大运河故道运至河南开封，被宋徽宗等点评赏玩，后又被金国皇帝北运至北京而最终落户于此地的近千年之珍贵文物。仅此一点，说景山是北京城最具历史沧桑感之所在地，绝非虚言。

1

2

1
日暮时分，景山观景台的护栏也披上了一层金色的外衣

2
林木交织间可以眺望远方的白塔

3
阳光打在琉璃砖砌的隔墙上

三、景山的独特性与发展轴

景山一词由来已久。《诗·商颂·殷武》："陟彼景山，松柏丸丸。"诗中的"景"字为"高大"之意。另有"高山仰止，景行行止"之说，系指人有景行，当效而行之，如山之高当仰之。清顺治十二年（1655 年），紫禁城之北的后山——明代的万岁山——更名为景山，大概是后一种寓意，因这里是祭祀列祖列宗的场所。

1. 景山初创——从辽南京的积土成山至元大都后苑

今之景山，约草创于公元 12 世纪的金大定年间。据记载，与北宋对峙的辽代在今北京城一带建南京，于

3

1

1
景山公园中的树木

2
观妙亭前的日出

今北海公园琼华岛营建瑶屿行宫，将开掘湖池的余土堆积在此地。其山下环绕两重围墙，山上建瑶广楼，称为金中都十二景之一。而另据记载，在远古时期，景山同北海等处均为永定河故道，以景山所处的河道地势为高，故永定河改道后，此地即逐渐成为土丘——此为景山之所以成为“景”山的自然条件优势——注定会比相邻的琼岛更高大一些。

2. 盛期景山——万岁山、景山

明清两代的北京城，中心区域是皇城，核心区域是紫禁城。子曰：“为政以德，譬如北辰，居其所而众星

20世纪70年代初，中国科学院考古所和北京市文物管理处在一次联合考古挖掘中，于景山北墙外探出一段宽18米的南北大街，并在景山公园内寿皇殿前探出大型建筑夯土基址。由此断定，这里不仅是明清都城中轴线，元大都的中轴线也是自北向南从此穿过。

共之。”意思是：执政者以德治天下，恰如北极星处在天的正中，治下万民自会形成众星环绕的局面。秉承孔子治国理念，紫禁城太和殿有一副楹联：

龙德正中天 四海雍熙符广运

凤城回北斗 万邦和协颂平章

寓意天子统治和谐光明，四海之内，万邦拥戴，万民颂扬。

明洪武元年（1368 年），元宫殿大部分被拆毁，后苑诸景也大多凋零。但随着明成祖朱棣迁都北京，北京

1
辑芳亭前眺望万春亭上的灯光

2
自北京鼓楼上向南瞭望，万春亭成为了景观的中心

3
寿皇殿正殿前

1

2

在永乐年间又开始了新一轮的大规模营建，城池、宫殿和园林等经改建而重获生机。主持北京营建的决策者依据“苍龙、白虎、朱雀、玄武，天之四灵，以正四方”之说，认为紫禁城之北为玄武之位，应当有较高山丘，于是将挖掘紫禁城筒子河和太液、南海的泥土堆积在原北苑青山上，最终将此山增高增大为五峰并列的规模，时称“万岁山”，其功能仍属于具有防御价值的皇宫北苑。又因园内广种果树，并豢养鹿、鹤等象征祥瑞的动物，万岁山下也称百果园。

明崇祯十七年（1644 年）三月十九日，李自成率军攻入北京，明思宗朱由检（崇祯皇帝）缢死于万岁山东

3

1

麓一株老槐树上。清军入关后将此槐树称为"罪槐"，用铁链锁住，并规定清室皇族成员路过此地都要下马步行。

清顺治十二年（1655 年），万岁山改称为景山。乾隆年间，此园再次整修，在山前增建供奉孔子的绮望楼，依山就势在山上建造五方佛亭——万春亭居中，东侧依次建为观妙亭和周赏亭，西侧依次为辑芳亭和富览亭。又在山后移建寿皇殿建筑群等。乾隆年间景山的建筑达到最辉煌、繁盛的阶段，所有建筑都按照皇宫规制建造，其等级之高，形态之异，原貌保持之完整，实为世间罕见。

3. 民国时期——从景山到景山公园

在北洋政府时期，根据《清室退位优待条件》，景山仍归属前清皇室使用。这期间冯玉祥部曾在 1924 年

1
园中飞鸟

2
万春亭牌匾

3
万春亭前踏步被阳光映上斑驳的树影

4
树顶的红日带来丰富的光影变化

2

3

4

1

占领景山，架设大炮，驱逐溥仪出宫。与此同时，北京城内皇家礼制建筑天坛、社稷坛、太庙和景山、北海等皇家园囿辟为公园。当时景山公园属故宫博物院管理，修葺后供游人观赏。据云，开放之日游人如织。

相比北京其他名胜，景山作为最后一个皇家园囿，其对公众开放的日期甚至晚于故宫。从时间进程上讲，景山之成为公园，标志着现代公民意识日益深入人心。

1
绮望楼前林木茂盛

2
自景山上俯视公园东门

2

4. 景山之复兴——1949 年后的景山

1949 年后考虑到当时的局势尤其是朝鲜战争的爆发，解放军华北军区防空部队一度进驻景山，景山上装有能响彻全城的报警器，寿皇殿西侧还有炮兵阵地。

1954 年 10 月 29 日，中国新民主主义青年团中央书记处倡议将北京市景山公园的华北军区防空司令部防空阵地撤走后将原处改建为北京市少年儿童文化公园，并在其中设立少年宫、儿童体育场等场所。1956 年元旦，设在景山寿皇殿内的北京市少年宫正式投入使用。北京市少年宫自成立起，培养了一批批优秀青少年人才，影响了首都北京的几代人。

随着北京历史文化名城功能核心区的调整以及北京中轴线申报世界文化遗产工作的推进，尤其是以寿皇殿为中心的古建筑群，它也是中轴线上古建筑群中除故宫之外的第二大建筑群，是中轴线申遗工作的重要组成部分。2013 年开始，北京市教委和少年宫进行了少年宫新馆建设和寿皇殿建筑群腾退工作。腾退分为两个阶段进行。

第一阶段，2013 年 12 月 27 日前，为主体腾退交接阶段，腾退区域具体包括市少年宫科技院（永思殿及以北范围）、少年宫艺术院（寿皇殿院落）、开放活动院、观德殿院落、位于观德殿院外北侧的市少年宫职工宿舍，不包括网络机房，共占地 21700 平方米。

1
万春亭前一角

2
富览亭在朝阳的辉光下

1

2

第二阶段，2018 年 9 月 27 日前，为腾退交接收尾阶段，腾退范围为市少年宫体育院及网络机房，共占地 23500 平方米。一、二阶段总共腾退占地面积 45200 平方米。

随着诸多生产用房、库房的搬迁，观德殿第一、二进院修缮工作也已逐步完成，恢复了观德殿二宫门之历史原状。根据清乾隆十五年（1750 年）绘制的《清内务府藏京城全图》，判断出在兴庆阁左右及南部，即公园与北京市少年宫正式交接西北区域（原少年宫二期）后，曾建有大量教习（艺）房。接收后的公园将根据“两规”全面推进并完善景山西北区域规划设计，并于 2019 年启动考古勘查工作，这将为中轴线的研究与恢复带来极

1

航拍自正阳门箭楼向北的北京中轴线

2

“端坐”于绮望楼屋角上的万春亭

3

雪后景山

1

2

3

高的历史价值。

未来景山公园将进一步落实北京市“十二五”规划和老城整体保护规划，对公园北区的非文物建筑进行整治，开展文物保护修缮工作，对环境进行整体提升改造，找准景山新定位，建设中轴文化客厅，树立文化自信新地标，积极构建人文景山、艺术景山、魅力景山、智慧景山。

随着寿皇殿建筑群的开放，景山公园将以完整的历史风貌展现在游客面前，为老城区整体保护和首都核心区建设增光添彩。

四、景山的完整性再识

梁思成先生曾写道："北京对我们证明了我们的民族在适应自然，控制自然，改变自然的实践中有着多么辉煌的成就。这样一个城市是一个举世无匹的杰作。"所谓"适应自然，控制自然，改变自然的实践"，首先表现在这座城市的规划建设上。

元明清时期，北京城中轴线的形成已处于完备状态，它除了源于《周礼·考工记》的设计理念及西汉长安城、汉魏洛阳城、北魏邺城、隋唐长安城等中国古代都城中轴线的布局演进外，也与自身地域文化主导下的中轴线必然有关。有研究说，汉长安城中轴线布局承袭了秦咸阳城，这说明燕下都中轴线布局对中国古代都城中轴线规划的影响，自然渗透到文化同源、同地域的幽州城、燕京城、北京城的中轴线布局上。事实上，燕文化的轴线意识和规划观，与北京城市地理环境息息相关。古文献中"左环""右拥""北枕""南襟"这些动词清晰地描绘了一个居北面南的天子坐拥山河的姿态，体现在城市轴线形态上，即为轴线自北发端、向南延展。可见，北京古城中轴线的形成与演进，一则源于中国古代都城中轴线的理论基础和城市规划经验的不断积累，二则与北京城市自然地理和城市自身轴线形成发展有关联，内在与外在的共同作用，使北京城市中轴线有了如今完美的模样。

在自辽金至明清的旧北京城延绵数百年的城市建设中，北京以城市中轴线为主线，最终形成了壮丽的富有

1
自景山正南侧观看景山轴线布局

1

中华文明特色的城市面貌，并将沿此中轴线的城市发展指向当今与未来。审视北京城的继往开来，我们不能不说，在中轴线上设置一个制高点，是北京城营建过程的关键。这个关键性举措的成果，就是我们今天所看到的景山。

1. 一个人为的地理节点

相比国内其他城市，在平原地带建城并非北京一处（如西安、苏州等古城），但城内有一处居于城市之心的可俯视全城的观景场地，却是独此一家的。而且，这个市中心高点是一项人为的景观工程，正可印证当年建造者的远见卓识。

1

可以想见，当年建造者因有这个人为的制高点，对把控全局提供了多么大的便利。在中国古代建筑工匠传统中，“辨方正位”是极其重要的。一般建造一个建筑组群会采用“立杆测影”的方式，而对于营建北京这样一个庞大的城池，“立杆测影”也未尝不可，但拥有景山这样的制高点，则是可遇不可求的得天独厚的条件。

北京的中轴线，其意向直接来源于“中”这个汉字。在远古的农业社会，太阳对人的生存极其重要，以观测日照为目的的“立杆测影”活动被视为神圣之举；而观测太阳所立的“杆”，因其具有报告时间、标定方位的作用，也就具有了神性。在山西省襄汾县陶寺考古遗址曾出土过测日影所用的“圭表”，在太阳照射下“表”杆的阴影投射在“圭”杆上，根据其长短来进行大地测量。在冬至这一天的正午，如果在某个地方测量时投影正好到达“圭”杆上一个特定刻度，此处即为“大地之中”，由此有了“帝王所都曰中，故曰中国”的定都准则。测影所立“中杆”被视作天地之中的象征，往往成为一个聚落的中心图腾，由此又成为了政治意义上的中心。景山山巅居中位置的万春亭，可谓营造北京全城的“测影之杆”。

1
登上景山至高点的步道

2
自万春亭东侧向南俯瞰

中轴线感觉上有“北收南展”的特性。在宫城北面用一个大体量的景山作为轴线的端点，景山北面除了在轴线上设置地安门外，道路两旁未做任何处理。

2. 景山——建筑交响曲中的成功杰作

伟大的建筑常被比拟为“凝固的音乐”，而一座规模庞大，规划有序的城市，则无疑是一阕伟大的充满韵律的交响诗。今天，我们如沿北京城南北中轴线作剖面图分析，则可一目了然自南端永定门起，迤逦而行至城北钟鼓楼一线，其城市天际线是如何在跌宕起伏中舒展自如。永定门至前门一带，可称从容的序曲，城北钟鼓楼就是完美的结局和尾声，紫禁城至景山一线，无疑是一段动人心魄的华彩，而景山之巅正是华彩之高峰。

2

景山万春亭

萬春亭

明代北京的城市布局十分严谨，特别是皇城和宫城，都很符合北京城的空间秩序。明代北京城中轴线是以元大都城中轴线为基准而设计和修建的。从中轴线周边建筑看，其一，将中轴线北端的中心阁改为鼓楼，并在鼓楼以北约 180 米处建钟楼；其二，将祖庙和社稷坛安排在皇城内、宫城前，并在皇城外修造“T”形广场和千步廊；其三，明代迁都北京，营造宫室，志在“更作”，因为宫城位置南移，很难再利用元代宫廷的基址；其四，历代君王都以“天子”自命，标榜“君权神授”，因此，凡祭天祀神的礼仪便非己莫属。特别要提及景山公园内的万岁山。据文献记载，景山在辽代以前只是永定河边的一个土丘，名为“青山”，到元代时，景山被纳入宫殿建筑群，便在此地修建了亭台楼阁，成为元代皇帝举行宴会的活动场所之一。明永乐年间，修建北京城，将拆除元代建筑的废料以及开挖护城河的泥土堆在此山上。按中国传统“五行学说”，北京属“藏风得水，五行不缺”之城，在五行中，东为木，南为火，西为金，北为水，中为土。若对应北京城来看，城东是神木，城西为大钟，城南为燕墩，城北为昆明湖，而城中即是景山。进一步说：神木即神木厂，是储木材之地；大钟是大钟寺的古钟；燕墩是永定门外象征性的古代烽火台；北面的水指颐和园昆明湖的水，即是镇水兽“铜牛”；中间的土则由景山代表，它用泥土堆成，景山之内涵便是北京城的镇山。在这座五峰并峙的土山中，其中央主峰恰好位于北京内城东西两垣间，成为全城对角线的中心点和中轴线的制高点。也恰恰由于主峰压在元大内延春阁正殿的基址上，寓有“压胜前朝”，确保江山万年之意，又称“大内之

1
榆叶梅

2
牡丹

1

2

镇山”为“万岁山”。

3. 景山——匠心独运的皇家园林

明清两代对皇宫北御园的悉心经营，使景山与北京城中轴线上的各类气势磅礴、富有皇家气魄的一系列宫阙坛庙建筑遥相呼应，错落有致。至今人们站在景山制高点的万春亭中，这座突起的三重檐四角攒尖式古亭虽因亭内佛像缺失而不再具有实用功能，但仍然为观察这座古城提供了最佳视角。从这里南眺，雾气霭霭中紫禁城若隐若现，金色的屋顶高低错落，建筑远处，沿南中轴线大气磅礴地铺陈开来。转身北望，脚下的寿皇殿古建筑群是中轴线上的第二大建筑群，与城北的钟鼓楼形成远近、高低的韵律起伏。如向西观望，西苑、什刹海于对称中有自然的变化，而转向东望，则是什刹海东端继续向东沟通大运河水运通渠。毫无疑问，只有登临景山，才能真正领略古代城市建造者的独具匠心，进而体会中华民族在营国大业上所展现出的宽广胸襟与磅礴气势。景山（后苑）与西侧之西苑（即今俗称之北中南三海）形成城内的皇家园囿，以自然山水见长，与严格对称、规整的紫禁城形成鲜明对照。这反映了建筑规划思想中“儒道互补”的一面——既强调儒家的礼教秩序，又以自然山水形成道法自然的人生境界。而就景山自身而言，在建筑功能上，景山建筑与园林景观又不乏佛教因素。因此，也可以反映出儒释道三家思想对明清两代的造园艺术都有一定的影响。

苏东坡诗云：“不识庐山真面目，只缘身在此山中。”而景山的存在，妙就妙在打破了苏诗所描绘的现象，身居此山之中却能向外俯视尘寰，了解自我。中国古代工匠在营建都市上的匠心独运，可见一斑。

4. 景山——继承往昔向未来

更令人惊奇的是，时至今日，北京城得以有序发展，起到关键指导作用的，仍是这条中轴线。今之北京向北延伸至奥运村，至北六环，向南的大规模建设至永定门外，至南五环，无疑都以内城制高点景山为参考坐标。

梁思成对中轴线建筑秩序及空间韵律有如下描述：“……从正阳门楼到中华门，由中华门到天安门……这中间千步廊（民国初年已拆除）御路长度和天安门前面的宽度是大胆的空间处理……一直引到太和殿顶，便到达中轴线前半极点，然后向北，以神武门为尾声。再往北，又‘奇峰迭起’地立着景山作为宫城背后的依托。景山中峰上的亭子正在南北的中心点上……由地安门，到鼓楼、钟楼，高大的建筑物都继续在中轴线上。”

1

1
大雪过后，景山便成了红与白的世界

2
阴翳的树林下透出和谐的光影

五、景山乃中轴线申遗的文化象征

抚今追昔，我们再次审视北京城的建筑格局，更能体会到景山对于全城之不可或缺。

北京的中轴线南起永定门，向北依次为永定门、天坛、先农坛、正阳门及箭楼、毛主席纪念堂、人民英雄纪念碑、天安门广场、天安门、太庙、社稷坛、故宫景山、万宁桥、鼓楼及钟楼，全长7.8公里。建筑以此中轴线为轴对称分布，天坛、先农坛，东便门、西便门，崇文门、宣武门，太庙、社稷坛，东华门、西华门、东直门，西直门，安定门，德胜门等井然有序，而尺度相对低矮的居民区散布期间，于庄重中不失平易和谐，构成世界上独一无二的城市图景。永定门、中华门、地安门都在中华人民共和国成立后被拆毁，而近年来又重新修建了永定门城楼。随着时代的发展和变化，现在的北京城市中轴线，南已延至北京南五环外，北至奥林匹克公园，北京城市中轴线已被赋予保护传统、建设发展的新的使命和内涵。如今，北京市中轴线已列入世界文化遗产的备选名单，它是提升北京古城“精气神”之魂。北京城市中轴线是古都北京的中心标志，而景山更成为这中心的“中心”。

2

六、景山八大标志性文化景观

北京明清中轴线，从最南端的永定门，到最北边的钟鼓楼，明代中轴线沿线既有御路、街道、河流、桥梁，也有城门、城楼、宫殿，还有以轴线对称方式组合分布的建筑。它们各有特色，只有深入理解这些建筑的功用与特征，才能更好地理解北京中轴线的文化内涵。同样，要明晰景山在中轴线上独树一帜的作用，也要从认识景山中重要的建筑入手，它们体现着北京中轴线不同形态、结构各异的建筑内涵。

自元代至今，北京城市按中轴线东西对称布置建筑及街区。元大都城墙即为左右对称，南边正门丽正门即在中轴线上。皇城坐落在中轴线上，也是左右对称的。现在看来，当时的规划者是在皇宫后苑的制高点上把控全局的。

明代虽城址整体南移，但中心点未变，只是后苑改称万岁山。寿皇殿古建筑群是中轴线上的第二大建筑群，根据北京市“十二五”规划提出的重构历史文化魅力走廊、系统规划实施魅力中轴线工程的要求，2014 年 11 月 3 日起“寿皇殿建筑群修缮工程——外院南墙修缮”全面施工。“寿皇殿建筑群修缮工程”是中轴线申遗重点工程，遵循《景山公园总体规划》《景山公园文物保护规划》，对寿皇殿建筑群进行修缮。在景山现存的新旧景点中，以寿皇殿、绮望楼、五方佛亭、观德殿、永思殿、兴庆阁与集祥阁、护国忠义庙、崇祯自缢处等最为重要，堪称“景山八大胜景”。

1

1
寿皇殿檐口细部

2
寿皇殿中心三间南立面细部

1. 寿皇殿

寿皇殿堪称古代宫殿建筑之精华，是位于景山正北面的一组建筑，有正殿、东西朵殿、东西配殿以及神厨、神库、碑亭、井亭等附属建筑。垣墙呈方形，坐北朝南。外有四柱九楼木牌坊三座，分东、南、西三面，均为琉璃瓦庑殿顶。通面阔 16.2 米，均带斗拱，门前正中有牌楼式拱券门三座。

2

2. 绮望楼

1

绮望楼在景山门内，山阳处，依山脚而立，坐北朝南。黄琉璃瓦歇山顶，重楼重檐，面阔五间，进深三间。上檐单昂三踩斗栱，明间悬满汉文书匾额“绮望楼”；下檐单昂五踩斗栱，前带廊，有丁头栱雀替，旋子彩画。四周有汉白玉石护栏。内供奉孔子牌位。北、东、西三面墙下石台基上原有泥塑若干。此楼建成于清乾隆十五年（1750 年），是景山官学堂学生祭拜先师孔子的地方。中华民国时期，该楼曾举办过展览。如 1937 年 2 月 25 日，故宫博物院在景山绮望楼展出流落英国人之手的中国古文物照片 600 余张。

2

3

4

1
绮望楼历史照片

2
现今的绮望楼

3
绮望楼测绘图纸及彩色渲染

4
景山东侧第一亭，周赏亭

3. 五方佛亭

景山上共有佛亭 5 座，自东向西依次为周赏亭、观妙亭、万春亭、辑芳亭、富览亭。五亭中原有五尊佛像，通称五味神，均无存。

（1）周赏亭，东侧第一座亭。孔雀蓝琉璃瓦顶，紫晶色琉璃瓦剪边，重檐圆攒尖顶。

（2）观妙亭，东侧第二座亭。翡翠绿琉璃瓦顶，黄琉璃瓦剪边，重檐八角攒尖顶。

1

1
景山中央亭，万春亭

2
景山东侧第二亭，观妙亭

（3）万春亭，位于景山的中峰，中峰的相对高度为45.7米，是北京城南北中轴线上最高和最佳的观景点。

（4）富览亭，西侧第一座亭。孔雀蓝琉璃瓦顶，紫晶色琉璃瓦剪边，重檐圆攒尖顶。

（5）辑芳亭，西侧第二座亭。翡翠绿琉璃瓦顶，黄琉璃瓦剪边，重檐八角攒尖顶。上檐重昂七踩斗栱，下檐单昂五踩斗栱。

2

4. 观德殿

在南墙正中有大门一间，琉璃砖瓦仿木结构，黄琉璃瓦歇山顶单翘单昂五踩斗栱，两侧各开随墙门一座。前为观德门五间，黄琉璃瓦硬山调大脊，一斗三升斗栱，前后出廊，旋子彩画。东西配殿各三间，黄琉璃瓦硬山顶，一斗二升交麻叶头斗栱。位于观德殿宫门南等处的牡丹园是京城内最大的牡丹观赏园，形成了独特的花季景观，每年5月全园200个品种的2万株牡丹竞相怒放，蔚为壮观。景山的牡丹以其花大、色艳、株高、龄长而名冠京华，品种上既有皇家御园传统的牡丹名品，也有久负盛名的洛阳牡丹、菏泽牡丹。其中，花王“姚黄”、花后“魏紫”、黑牡丹“青龙卧墨池”、绿牡丹“豆绿”、白牡丹“玉板白”更是稀有珍奇。众花姹紫嫣红，将古老的景山公园装扮得分外娇娆。

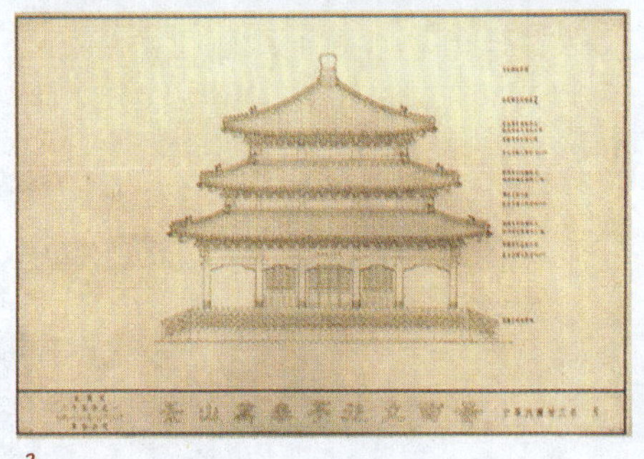

3

3
万春亭测绘图纸及彩色渲染

4
景山西侧第一亭，富览亭

5
景山西侧第二亭，辑芳亭

4

5

自东南侧仰视景山夜景

5. 永思殿

永思殿位于寿皇殿东面，是清朝帝后亡故停灵的地方，自成一院，坐北朝南。前为永思门，面阔三间，进深一间，通宽 13.8 米，通进深 8.1 米，绿琉璃瓦黄剪边歇山顶单昂三踩斗栱。永思门东西配殿各三间，硬山过龙脊。永思殿面阔五间，进深三间，现已无存。其西朝房有乾隆帝题楹联：“一气感通昭陟降，万年嗣服式仪型。”东朝房亦有楹联：“视听思无远，天心格有孚。”永思殿东西配殿各三间，悬山顶箍头脊，一斗二升交麻叶头斗栱，旋子彩画。

1
园内东南侧步道

2
厚重的红墙与纤细的嫩枝相映成趣

3
游客自景山北侧拾级而上

1

2

3

6. 护国忠义庙

护国忠义庙位于公园东北侧，为前后两重院落，始建于明初，距今六百余年，为硬山顶形式的皇家等级道观，其建筑彩画为较高等级的金龙和玺彩画，原为供奉武圣关公而设立。

7. 兴庆阁与集祥阁

在靠近景山北墙的东西两个侧门的里面分别有两座建筑，西侧称为“兴庆阁”，东侧称为“集祥阁”。兴庆阁和集祥阁的样式、结构、色彩完全相同。阁楼的上顶为单檐四角攒尖顶，覆黄色琉璃瓦绿剪边琉璃宝顶，

1

2

四角安置装饰跑兽。阁的南面有一个不大的券门，有木板门对开。由于墙壁太厚，阁内空间不大，四面光墙一通到顶。上架为全木结构的阁楼式建筑，四周骑墙头做围廊，廊内四面琐窗，窗脚嵌铜活加固。廊外四周设木围栏，围廊的入口设在阁楼的西北角西侧和东北角的东侧，兴庆阁与集祥阁墙厚达到 3.3 米，中间并没有夹壁墙。

8. 崇祯自缢处

崇祯自缢处位于景山东麓，原有一株向东倾斜的低矮老槐树，为明崇祯皇帝自缢之处。明末，李自成起义军于崇祯十七年（1644 年）三月攻入北京，崇祯三月十九逃到景山，自觉有愧于祖先基业，以腰带自尽于观妙亭下的歪脖槐树之上。由于老槐树后被砍掉，1981 年及 1996 年，公园又先后两次在原址上移栽了古槐。清代《燕都杂咏》中有诗云："巍巍万岁山，密密接烟树；

1
集祥阁
2
紫丁香
3
崇祯自缢处石碑

中有望帝魂，悲啼不知处。”20世纪50年代，有联曰：“君王有罪无人问，古槐无过受锁枷。”现此处立有碑刻两通，分别为：“明思宗殉国处”碑和明思宗殉国三百年纪念碑。

北京中轴线是被赋予特殊意义的轴线，它主要体现三层含义：第一，中轴线的布局是以轴线上的建筑物为地理坐标的；第二，用横、纵干道将建筑串接而成，使之成为一个有机体，从而令中轴线的布局富有浓厚的历史文化信息，代表了中国传统建筑的最高成就；第三，在传统中轴线上，人文景观与自然景观相互协调。景山经过几百年风雨，已成长为中轴线上的神圣之山，乃中轴线申遗罕见的文化景观标志。从景山公园服务北京中轴线申遗乃至文化旅游看，无论是景山公园界于整体中轴线还是局部中轴线，都要在利用发展轴线功能和文化景观上做足文章，它不仅有北京城市发展脉络，更象征着北京城市的发展希望。

3

篇二

寿皇殿——中轴线最后的皇家宫苑建筑

在北京中轴线最集中、最典型地展现中国传统文化空间模式中，故宫太和殿组群是高潮，它处于中轴线建筑群的正中，从景山直抵作为舒缓结尾的钟鼓楼，完成着一部起伏跌宕、韵律隽永的交响诗，而其中的寿皇殿建筑群正是中轴线上最后也是最重要的建筑华章。寿皇殿作为景山中轴线上唯一的祭祖内庙，其功用在于丰富了中轴线的文化内涵，其价值在于通过尊老孝亲维护社会和谐有序。中轴线建筑之比例、节奏、韵律的形象美，在景山寿皇殿建筑群得到延续。它与故宫奉先殿、圆明园安佑宫成为北京供奉帝后御容的三处场所。

1

2

曾获美国城市规划卓越贡献奖，主持费城规划建设长达 20 年之久的美国培根教授在 1967 年的《城市设计》中说："在地球表面上人类最伟大的建筑工程，可能就是北京城门……意在显示这里乃宇宙的中心，这个城市深深地沉浸在宫廷仪礼的宗教意识之中……它的规划设计是如此之杰出，仍然为今天的城市提供了丰富的思想宝库。"中轴线的象征意义与文化内涵，不仅深刻地体现在以儒家为代表的华夏世界观、价值观上，还体现在经历史锤炼的一组组辉煌建筑上，紫禁城与景山寿皇殿共同构成人类建筑史上无与伦比的篇章。

1
寿皇殿东侧内外城墙间夹道
2
玉兰花在内城墙下怒放
3
城墙与屋瓦组成和谐的旋律

一、建筑组群布局

寿皇殿坐北朝南坐落于北京城南北中轴线景山公园内，合山势正偏居于景山山体正北方位。作为明清皇家宫苑中等级最高的建筑群，寿皇殿依然较完整地保留了清乾隆十五年（1750 年）移建竣工后的组群格局。明清两代，寿皇殿均作为供奉牌位、展陈圣容、陈列帝后生前心爱之物且举办祭祖活动的场所。

3

寿皇殿建筑群由三座三间四柱九楼木牌坊呈东南西三向环列的方式围合出前导广场，由此形成第一道半封闭式入口空间。之后是被双重黄琉璃瓦覆顶的红色砖墙围合的两进院落，总占地面积 21531.65 平方米。外围院墙东西宽 142.15 米，南北深 150.54 米，平面整体近似方形，主体建筑由南向北依次排列于中轴线上，其余附属建筑均沿中轴线东西对称布置，结构严谨，秩序井然，为典型的皇家祭祖建筑空间布局。外围院墙正南辟一座三券七楼式砖城门，左右各另辟一道琉璃随墙门，屋顶均覆黄色，庑殿形式，檐下用黄绿琉璃彩画。南砖城门南侧两旁各有一座守门石狮，增强了入口庄重的氛围。由南砖城门进入即到达建筑群的外院空间，东南及西南各有一座面阔五间单檐悬山建筑对称布置，东南称神库，西南为神厨，均是准备祭祀活动材料的场所。神厨、神库北向各有一座四角盝顶井亭。沿外院东西院墙分别向北为七楹卷棚东西值房，二者亦以中轴线对称布置。另在外院东西墙中间各设一砖城门，作为内外交通的纽带。

由寿皇门进入内院，则主要建筑均集中于此进院落，

1

2

3

4

5

1
寿皇殿东侧汉白玉望柱及栏板

2
寿皇殿西侧汉白玉望柱及栏板

3
东值房与院墙间

4
寿皇殿与东侧朵殿层叠的屋檐

5
碑亭下的龙头须弥座台基

寿皇门上覆单檐庑殿顶，面阔五间，进深六架椽，坐于龙头须弥座台基上，前后踏步各出三出，门前同样立雌雄狮子一对，进一步加强建筑仪式感。祭祀活动开展时，皇帝由寿皇门进入内院，其他王公大臣由寿皇门两侧东西随墙琉璃门进入。内院建筑众多且建制严格，均两两对称设置，沿东西内墙由南向北依次为东西焚帛炉、东西配殿、东西碑亭以及东西朵殿，其中焚帛炉周身覆黄色琉璃，檐下刻黄绿旋子彩画；东西配殿隔院相对，坐于砖石台基上，台前踏步三出，单檐歇山顶，正身五间，两山面及前檐出廊；两碑亭均为重檐八角攒尖顶，周围廊，坐于龙头须弥座台基上，前后各出踏步；两朵殿紧邻寿皇殿正殿分立东西两侧，东朵殿名衍庆殿，西朵殿曰绵禧殿，均为单檐歇山顶，面阔三间，同为龙头须弥座台基，仅前出踏步。

二、建筑单体形制及特征

1. 中轴线主体建筑

寿皇殿正殿为中轴线上最后也是最为宏大的主体建筑之一，坐北朝南，采用重檐庑殿顶形式，黄琉璃瓦屋面，面阔九间，进深五间，前檐出廊，龙头须弥石座台基一重，汉白玉望柱栏板围绕，月台深远开阔，前出踏步三出，左右各一出，其上立铜鼎炉四座，铜鹤铜鹿各二，建筑等级极高。

整座建筑群内除不同等级功能的建筑外，内外院沿中轴线上均铺青白石御道，周围海墁城砖，另在清乾隆二十年（1755 年），于内院添安了二十八座须弥座造型树池，种植桧柏、油松等树木，以进一步营造庄严肃穆的气氛。

寿皇殿建筑群在中轴线上除南向牌楼外由南至北依次分布南砖城门、寿皇门及寿皇殿正殿，这里重点对寿皇殿正殿和寿皇门进行解读。

/ 寿皇殿正殿 /

寿皇殿正殿平面为分心斗底槽加副阶周匝，殿身面阔九间，进深五间，前檐出廊步，东西为山墙，并延伸出廊墙封堵前廊东西尽端，后檐为檐墙。整体为九檩殿堂形制，重檐庑殿顶，上覆黄色琉璃瓦，屋顶做推山。

1

2

1 自寿皇门狭窄的门缝中望向内院

2 外院广场上古老的石构须弥座造型树池

在丹陛下仰观气势宏伟的寿皇殿正殿正立面

1

明间、次间均开门扇，余下各间则做槛窗，其下为龟背锦墙芯琉璃下肩，槛墙大枋子、立枋子上雕有行龙。正殿坐于一重龙头须弥座台基上，汉白玉望柱栏板围绕，柱头雕刻行龙卷云纹，殿前出深远月台，正中踏步三出，其上刻御路一道，为左右升降龙形式，左右踏步各一出。月台上南向四座铜鼎炉一字排开，东西铜鹤铜鹿各二，鹤在前，鹿在后，其下均为青白石须弥座。

正殿檐柱间由下至上依次安装小额枋、由额垫板、大额枋，柱顶置平板枋，其上置重昂五踩斗栱，同时在小额枋和檐柱交接处增加雀替以提升装饰性。

2

1
寿皇殿正殿全景

2
殿前月台东侧铜鹤

3
殿前月台东侧铜鹿

4
殿前月台上的铜鼎炉

5
铜鼎炉下的青白石须弥座

3

4

5

寿皇殿正殿明间及次间枋额、斗栱构造细部

寿皇殿正殿内间

另外，正殿里金柱并不是完整通高的一根柱子，而是在上下层天花交接处用方形墩斗隔为两段，里外金柱间用足角枋拉结，起到了内部柔性圈梁的作用。

在建筑彩画方面，在等级很高的庑殿顶殿堂建筑的明间脊檩上绘制彩画是明代的普遍做法，清代也有承袭，寿皇殿正殿便是如此。正殿采用了最高级别的和玺彩画，其结构分明，脊檩与脊垫板、脊枋方心绘制完整的祥云行龙包袱，两端盒子内绘片金座龙。正殿内外檐彩画同

1
寿皇殿正殿檐口及斗栱细部组图

1

重檐庑殿顶的寿皇殿正殿

壽皇殿

1

2

3

4

为金龙和玺彩画。

正殿石质构件种类繁多，分别有须弥座台基、望柱栏板、御路、柱础、露陈座等。建筑台基为单层龙头须弥座，包括4个出水大龙头螭首和52个小龙头螭首，具有清代早中期的典型特征：圭角分三段，两端刻三朵方形卷云纹，奶子圆润饱满，下垂至土衬，上下枭及上下枋均做素面，束腰处雕刻金刚柱子和椀花结带，椀花相互缠绕，以两段三凸三凹的飘带平行收尾。栏板为清式三幅云净

1
寿皇殿正殿须弥座台基
2
石构栏板细部
3
寿皇殿正殿柱础细部
4
寿皇殿正殿月台西侧踏步
5
寿皇殿檐口及殿后树梢

瓶寻杖栏板，望柱头雕刻行龙卷云纹。台基前部中间踏跺上雕刻御路，为左右升降龙形式，御路边框满雕卷草花饰，下部为尖山式海水江崖，均为清乾隆时期常用纹饰。

寿皇殿正殿面阔九间、进深五间的规制，在明清高等级建筑中，仅次于面阔十一间的紫禁城太和殿、明长陵祾恩殿，而与太庙正殿、曲阜孔庙大成殿相近，其彩画等级则等同于太和殿。

5

1

/ 寿皇门 /

在整个建筑群中，寿皇门无论建筑等级还是组群地位都仅次于正殿，但 1981 年 4 月 10 日不慎遭受火灾焚毁，之前的建筑主体只遗留部分残缺的木质构件和依稀可辨的砖石台基。1983 年，故宫博物院古建部设计组依据张镈（1911—1999）先生等 1944 年北京中轴线测绘

1
晨曦穿过树梢照在寿皇门前广场上

2
寿皇门前石狮

图并结合现场测量对其进行了复原，但依当时功能需求改为贵宾室。2016年后，寿皇门重新恢复原有建筑形制。

寿皇门为典型的门殿形式，前后檐均做敞廊，明次间的檐柱之间只做大额枋和雀替，梢间则在大额枋和雀替之间再增加由额垫板和小额枋，柱上置平板枋，铺设五踩重昂斗栱。建筑明次间中柱直接延伸到脊檩下皮，抱头梁后尾插于中柱上，草架部分依次做双步梁和单步梁。此种结构类似于穿斗式构架，屋盖层与屋身作为一

2

1
寿皇门南侧全景

1

1

套整体联系起来。另外在天花以下各柱间穿插有随梁枋，进一步增强了建筑稳定性。

寿皇门内外檐彩画均为 1983 年重建时新做金龙和玺彩画，方心为双龙戏珠，挑檐檩藻头为坐龙，额枋上做升龙，均贴双色金。天花圆光内画升降龙，现井口线和方、圆鼓子线均以铜箔代替，岔角为二绿，斗栱带黑老。角梁彩画为金边框金老，仔角梁七道肚弦。挑尖梁头彩画为金边框片金西番莲纹，贴库金。雀替彩画为金

2

3

1
寿皇门前柱廊的光影效果

2
寿皇门下柱础

3
寿皇殿末间及院墙

1

1
穿过寿皇门观看寿皇殿正殿

2
寿皇门东侧石雕望柱柱头及院墙

3
寿皇门西南侧

2

3

1

边金琢墨攒退卷草纹饰，雀替下的翘刷绿色，升刷青色，下底青绿相间。

寿皇门须弥座台基为乾隆时期遗存，整体雕刻风格基本与正殿一致，只是束腰部分椀花结带更加扁平。台基前后各出踏步三出，中间踏步均做御路，为上下升降龙造型，尺寸为3180毫米 ×1300毫米 ×173毫米（长 × 宽 × 厚），与正殿御路相比，比例更加适中，在纹

1
寿皇门北侧须弥座台基及护栏

2
寿皇门东南侧

3
石雕蟠龙祥云望柱柱头

2

3

饰上龙形更加扭曲，与云纹关系亦更加分明。

1
西侧燎炉

2
东侧燎炉

3
寿皇殿西侧及西朵殿、井亭

2. 内院附属建筑

寿皇殿建筑群内建筑形式多样，因使用功能不同而有严格的等级划分。在内院组群布局中，除正殿和寿皇门外，自南向北依次对称分布东西燎炉、东西配殿、东西碑亭以及东西朵殿，另在寿皇门两侧开随墙琉璃门。

/ 东西燎炉 /

寿皇殿内有黄绿琉璃燎炉两座，二者形制完全一致，均覆黄琉璃瓦歇山顶，炉身砌黄色琉璃砖，前后檐除转角斗栱外另有单翘单昂五踩平身科斗栱十攒，侧面为五攒。炉身中间开炉门，左右各做琉璃窗两扇，窗扇上雕三交六椀菱花，炉后身有琉璃窗六扇，两侧为四扇，均做菱花。炉基座为两座完整须弥座叠砌，上基座较繁复，

1

2

正殿、朵殿以及碑亭间形成的屋檐组合

除雕砌束腰外还在上下枭上满雕八达马，下基座则只在束腰处雕砌椀花纹饰，其他不做雕刻。

/ 东西配殿 /

东西配殿殿身面阔五间，进深两间，两山及前檐出廊步，平面为金厢斗底槽，结构上属于七檩殿堂形制，单檐歇山顶屋面，上覆黄色琉璃瓦，檐下采用双下昂五踩斗栱，殿身明次间装隔扇，梢间做槛窗加槛墙，殿前踏步三出，各八级台阶，廊柱有侧脚和收分。

配殿明间次间面阔相等，梢间面阔接近廊步两倍，在立面视觉上，各间主次分明，虚实有秩。在梁架结构方面，配殿为七檩歇山大木结构，但收山不明显。屋顶草架为叠梁式做法，即五架梁上置柁墩，其上再架三架梁，脊瓜柱两侧做角背，五架梁下依次做随梁、七架接尾梁。踩步金在结构上更接近踩步梁的做法，梢间五架梁同时作为踩步金使用，五架梁外皮上端钉有一条沿进深方向通长的木板，木板上钉椽碗。这种做法在很大程度上节省了木料，同时能够起到调整山面檐椽举高的作

1
西配殿前檐立面

1

1

2

3

1

西配殿内檐实景

2

西配殿室内东墙柱头、天花及斗栱细部

3

西配殿隔扇带来的光影变化

1

2

用，加大了屋面承载力，不失为工匠的聪明之处。

1
东配殿前檐立面

2
西配殿的庑殿顶探出院墙，与外院的井亭遥相对应

3
东侧碑亭檐口及窗饰细部

/ 东西碑亭 /

东西碑亭为重檐八角攒尖琉璃顶，平面为正八边形，采用双围柱形式，金厢斗底槽加副阶周匝做法，下檐外围八根檐柱，里围八根金柱直通上檐，亦作为上檐檐柱。下檐做单翘单昂溜金斗栱，每间各四攒，柱头为单翘单昂转角斗栱，上檐各间做三攒单翘重昂平身科斗栱，柱头为单翘重昂转角斗栱。碑亭除正南正北开间做隔扇外，

3

1

1
碑亭处于琉璃门的正北端，可以看出工匠造园手法之精妙

2
碑亭须弥座台基

3
西侧碑亭

其余各间均做龟背锦墙芯琉璃槛墙加槛窗。整座建筑坐于龙头须弥座台基上，前后各出踏步八级。

在彩画方面，内檐梁枋上为清早期金龙和玺彩画，无晕色。金柱柱头为片金西番莲海墁彩画。天花做升降龙彩画，轱辘片金，金琢墨攒退燕尾云，天花大边平涂大绿，岔角三青基底色，金琢墨攒退岔角云，支条井口

2

3

窝角线贴红金，天花圆光心做法为天大青基底色，龙鳞呈鱼鳞状，贴红黄两色金。

碑亭内立石碑一通，土衬石表面满雕海水江崖纹（水盘），纹理精细，四角分别雕刻鱼、虾、蟹、鳖，波涛与动物相互缠绕，抽象生动，动物身上的海浪纹理数不尽相同，虾为 7 条，鱼、鳖各为 9 条，螃蟹则是 13 条，均为阳数。神龟趴卧在水盘中心，昂首向上，目光斜视，

1

2

1
须弥座台基上的龙头细部

2
自寿皇殿正殿月台观看西侧碑亭

3
朵殿屋檐及角兽在寿皇殿正殿山墙前

3

张嘴咆哮，舌头卷曲抵上唇，是乾隆时期的特有造型。

/ 东西朵殿 /

东西朵殿均为面阔三间进深三间的单檐歇山殿，东曰衍庆殿，西曰绵禧殿。平面形式为双槽，前檐出廊，两山墙延伸至前檐檐柱，其下做龟背锦琉璃槛墙。明次间前

1

檐金柱间均做隔扇，次间做槛窗加琉璃槛墙，后檐做檐墙。建筑坐于青白石龙头须弥座台基上，前踏步一出，12级，与正殿台阶数保持一致。

朵殿屋顶、殿身、台基形成均衡的三段式构图，以檐柱柱顶为界上下竖直高度比例接近1:1。建筑明次间各有平身科斗栱四攒和三攒，为双下昂五踩斗栱，斗口

2

1
西侧朵殿——绵禧殿

2
东侧朵殿——衍庆殿

80毫米，和东西配殿保持一致。明次间斗栱攒距较为均等，皆接近十二斗口。在进深方向，廊间平身科斗栱一攒，中间七攒。在结构上，正殿为周围廊歇山踩步金做法，属常见歇山顺梁类型，其中较为特别的是在踩步金下方做随梁以加强结构稳定性。另外与《清式营造则例》中规定的歇山收山做法不同的是，建筑山花板外皮到正心檩中线的水平距离远小于其檩径，此应是实际建造时根据需要灵活调整的结果。

3. 外院附属建筑

寿皇殿外院建筑在整个组群中行使最基本的祭祀功能：神厨除在平日贮藏列后御像外还会同神库一起作为储备贡品食材的场所，东西井亭为祭祀活动提供用水便利，东西值房为服务人员提供暂留之地。

/ 神厨、神库 /

神库、神厨作为进入外院后第一组建筑分别对称坐

1

2

1
神库的悬山屋面细部

2
神库西立面

落于中轴线东西两侧。二者均为面阔五间进深两间的悬山建筑，平面为单槽形式，立面屋顶覆黄色琉璃瓦，明次间做隔扇，梢间做槛窗，台基仅为砖石，前出踏步三出，中间踏步宽度最窄，垂带石中心线较建筑明间檐柱轴线更加靠内，建筑山面为五花山做法，梁架空当用象眼板封堵。在北京重要祭祀建筑群的神厨、神库中，很少出现像寿皇殿这样在梁架结构、平面尺寸等方面均相同的情况。

1

东侧井亭

建筑各间面阔相差不大，次间略大于明间，明间面阔与檐柱高比例接近 1：1，殿内省去后檐金柱，此种平面形式能够有效提高室内空间利用率，与建筑使用功能更加契合。

神厨、神库柱顶石不作雕刻，为素平古镜式柱础，在乾隆时期重要祭祀建筑中较不常见。建筑内外檐彩画为墨线大点金一字方心旋子彩画，因建筑等级所限并未做和玺彩画。

/ 东西井亭 /

临近神库、神厨北侧为东西井亭，二者在使用功能上作为供水之用。建筑上覆黄色琉璃瓦四角盝顶，四根角柱支撑作敞亭形式，柱与柱之间用檐枋进行拉结，檐枋下做灯笼框吊挂楣子及夔龙花牙子，建筑四面坐凳用大城砖干摆十字缝，南北立面各出踏步三级。

建筑檩、枋等主体大木结构绘墨线大点金一字方心旋子彩画，栱垫板上为三宝珠火焰纹，做墨边框、墨老

1

1

2

角梁，章丹地切活宝祥花宝瓶，烟琢墨斗栱，飞头片金万字，檐头龙眼宝珠。

1
东侧井亭

2
西侧井亭

3
东值房及东侧夹道

/ 东西值房 /

紧邻东西外垣墙偏北位置是供太监宫女准备后勤事务的东西值房。屋顶为卷棚硬山形式，不施斗栱，面阔七间，进深三间，平面为单槽，在室内空间的使用上类似于神厨神库的处理方式，殿内仅保留前檐一列金柱以增大室内有效面积。值房各开间面阔基本相等，进深方向各间深逐次递增，无明显规律。

值房罗锅椽与下端檐椽间搭交方式为清式做法，罗锅椽下端削平置于脊檩背上；各间檩木接头的搭接榫卯多做简单半榫。

柱础为素平古镜样式，古镜做得很高，且周边不做卷杀，表面有很明显的剁斧痕迹，檐柱与金柱距离较近，常做成联瓣柱础。

3

1

4. 建筑院墙及随墙门

寿皇殿建筑群中共有门九座，其中外院墙五座砖城门，内院墙两座琉璃门、两座随墙门。另在外院北围墙中心位置原有一座北中门，系景山与地安门大街联系的重要交通枢纽，现仅剩门洞留存。

/ 南砖城门 /

南砖城门是中轴线上第一道门，也是整座建筑群的正门，为三券七楼牌楼门，明、次楼均为黄瓦庑殿顶，其下琉璃额枋各二，两边楼亦为庑殿顶，但只做单额枋，

1
南砖城门牌楼门细部
2
南砖城门门钉细部
3
门上脊兽在红墙上拉下长长的影子

中间夹楼采用悬山顶，镶有黄绿琉璃垂莲柱、花雀替。明楼施单翘单昂平身科绿琉璃斗栱十二攒，次楼施十攒。额枋上做空方心旋子彩画，方心占额枋全长比例超过三分之一。门腿下碱采用青白石须弥座，上身抹灰刷红浆，券洞内抹黄灰刷包金土浆。实榻门上钉九路门钉，共八十一颗。

2

3

南砖城门南侧

/ 其他砖城门 /

除南砖城门外，外院南墙东西两侧及外院东西墙各有一庑殿顶方形砖城门，东南、西南砖城门尺寸较大，檐下施十六攒单翘单昂平身科琉璃斗栱；东、西砖城门相对较小，檐下为单翘单昂平身科斗栱十二攒。斗栱下均为平板枋及单额枋，额枋上装饰空方心一整二破旋子琉璃彩画，前者额枋彩画做有两个盒子，后者仅做一个。门板上无门钉，门上槛装饰四个门簪，相对南砖城门更加朴实。

/ 琉璃门 /

内院寿皇门两侧各有一座琉璃门，其整体形制与外院旁门无太大区别，只是琉璃门柱显得装饰性更强，门柱中心做云龙纹琉璃心，四角做游龙琉璃岔角，与门柱下部青白石须弥座形成强烈色彩对比。琉璃门比东南、西南砖城门尺度略小，更为接近东西砖城门。

1
琉璃门在红色院墙当中

1

1

/ 随墙门及院墙 /

寿皇殿建筑群随墙门共两座，分别位于内院东西墙偏北位置，但在现有格局中仅存门洞而无其他装饰，在史料中鲜被提及，甚至在乾隆时期《皇朝衙署图》中也未有绘制，因此较难推断其真实历史特征。

建筑群院墙由内墙和外墙两部分组成，外墙环绕整个建筑群并与景山北墙相互交接，上覆黄琉璃瓦顶，檐

2

1
琉璃门两侧琉璃砖雕细部

2
琉璃门侧视

下做绿琉璃砖带，主体为红色大城砖墙，墙体略有收分。内院墙与外院墙形制相仿，但高度较矮，墙厚较薄。现东西朵殿两侧尚有两段对称的“L”形矮墙，具体砌筑年代无法考证，但从砖块尺寸、砌筑方式及标记信息等推断应为民国时期所造。

三、宝坊

寿皇殿牌楼位于组群外院南端，共三座，呈东、西、南三向围合排列，均为四柱三间九楼柱不出头牌楼，东牌楼正面匾额“继序其皇”，背面匾额“绍闻祇遹”；南牌楼正面匾额 “顕（显）承無（无）斁（斁）”，背面匾额：“昭格惟馨”西牌楼；正面匾额“世德作求”，背面匾额 “舊（旧）典時式”。

1

1
西侧牌楼

2
南侧牌楼匾额及装饰细部

牌楼面阔三间，在结构上各自完整，明间柱子更高直达明间边楼平板枋，两侧杜子抵次间边楼平板枋，杜高相差一个明间大额枋的高度。各间大额枋下为折柱板，再下为小额枋及云墩雀替。次间大额枋与明间折柱板等高，以下均与明间横向构件相错一个高度，现各间额枋均为混凝土材质。另为加强结构稳定性，牌楼柱子及高栱柱顶端会做方形灯笼榫以代替角科斗栱坐斗；挑檐桁与大小额枋之间用大挺钩进行拉结，正背面各十六根。

牌楼四根柱子均插于夹杆石燕窝榫内，夹杆石由“夹杆”和“厢杆”组成，三者用铁兜绊箍紧，上部雕刻寿山及神兽，中间两柱为闭嘴麒麟，两侧边柱做张嘴狮子，两两相对而望而称“寿与天齐”，石兽再下依次雕刻蕃草、八达马、连珠、八达马、蕃草和如意云纹饰，形成须弥座造型。

三座牌楼共有二十四件戗杆兽，其中狮子十二座，麒麟十二座，在面阔位置上与夹杆兽对应，麒麟双耳直立，威严警惕，细节刻画更加丰富细致，鳞片有条不紊，四蹄尤其强壮有力；石狮双耳搭于头顶，憨态可掬，全身光洁柔顺，腿部筋骨健硕，狮爪锐利，头上鬃毛成绺状整齐披于脑后，形象简洁。

1
东侧牌楼

2
东侧牌楼构造及装饰细部

1

篇三

寿皇殿展——景山寿皇殿历史文化展

中轴线贯穿北京城市中心南北两端，串联着外城、内城、皇城和宫城四重城，若从思想内涵看，中轴线建筑群是皇权文化的空间组合之立体形态，充分体现了中国礼仪文化的规划：均衡、对称、等级与尊卑有序。在古都北京这个纵向骨架与文化地标中，它堪称中华城市文明严谨轨迹的“百科全书”。景山公园中的建筑群，是皇家礼制建筑与宗教建筑（部分）之代表，其不仅将社会意识、美学意义与哲学思考融在一起，还包含了天人合一、阴阳五行的宇宙学说。在礼乐制度的建筑色彩中，琉璃瓦色彩是最具代表性的。按“五行配五色”之说，黄色对应“土”属“中央”之位，等级最高，只可在皇宫建筑中用，因此景山建筑群及紫禁城呈现的是一片金碧辉煌。这让人不禁联想到寿皇殿展，从中不仅可思辨传统礼教思想，更可感知东方博大精深的遗产之力。

为此，景山公园管理处与有关文史专家协作，特在寿皇殿建筑群常设“景山寿皇殿皇家礼制文化展”，以此向中外游客介绍东方古国独特的礼制文化。

對越在天

同天光被

一、展览概述

景山寿皇殿是北京城中轴线上第二大建筑群，也是历史上北京中轴线上一座皇家祭祀祖先的庙宇。景山寿皇殿历史文化展，经多方专家学者论证，最终以“局部原状式陈列与主题文化展览相结合”的形式举办，展览突出“和而不同”的北京城中轴线文化脉络，以寿皇殿历史渊源、建筑风格、文化内涵为重点展示内容，以再现历史场景为亮点，传播中华传统礼仪文化，彰显北京中轴线文化魅力。

整体展览通过 105 张珍贵的历史照片、2 张精美创作画、16 件历史文物、48 件文献复制品、16 项多媒体展示以及寿皇殿正殿复原陈列，向游客观众展示和讲述寿皇殿的前世今生。其中寿皇殿正殿以局部原状式复原为设计理念，按照清光绪年间记载布展，仿制 74 件清代家具，复原了记载中的云龙插屏、云龙大柜、神龛等

1

1
寿皇殿正殿与西侧碑亭屋檐

2
寿皇殿正殿牌匾

部分陈设，局部还原清光绪年间情景。神厨为寿皇殿历史主题展，全面介绍寿皇殿自建成至今的历史变革。西配殿为寿皇殿建筑主题展，详细介绍寿皇殿建筑群的位置、格局以及留存的文物。东配殿为寿皇殿祀礼主题展，根据正史资料复原寿皇殿室内祭祀用品，让观众重回祭祀典礼现场。西值房为敬孝文化展，展示中华五千年孝道文化的内容与演变。

二、局部原状式展览

1. 宝坊

砖城门前广场之东、西、南端各有一座牌楼，统称“宝坊”，始建于清乾隆十四年（1749 年），是寿皇殿建筑群的重要组成部分。宝坊为四柱三间九楼形式，面阔 16.2 米，黄琉璃瓦庑殿顶，龙方心墨线大点金旋子彩画。宝坊曾数次修葺，坊额原为乾隆皇帝御笔题写。

1
砖城门前广场

2
寿皇殿位次图

3
展陈布置前的寿皇殿正殿室内前厅

1

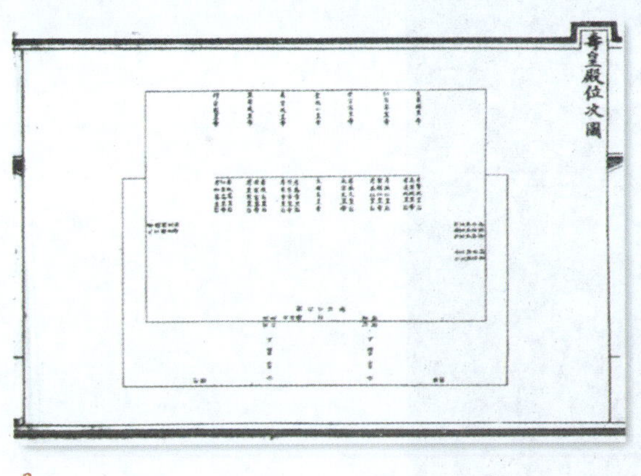

2

2. 寿皇殿正殿

寿皇殿建筑群坐落在明清皇家苑囿景山之内，是北京中轴线上的一组清代皇家祭祖家庙，移建于清乾隆十四年（1749 年）。正殿面阔九间，进深五间，黄琉璃瓦重檐庑殿顶，上层檐用重昂七踩斗拱，下层檐用重昂五踩斗拱。檐下明间悬满汉文“寿皇殿”匾额。寿皇殿建于须弥座台基上，前有月台，前面出三组、左右各一组台阶，各十二阶，前面台阶中央有团龙御路石。清代寿皇殿先后供奉自康熙至光绪共八代帝后画像与牌位。元旦、岁暮、令节及

3

1,2
展陈布置前的寿皇殿正殿室内后厅

1

2

先帝诞辰、忌辰，皇室皆在此“行家人礼”。每于元旦，皇帝率皇子及近支王公，亲往举行元旦大祭，是为寿皇殿祀礼。寿皇殿建筑群和寿皇殿祀礼，是清代皇帝传承儒家仁孝文化传统的具体体现和珍贵载体。今殿内做局部原状展览。

1
阳光透过隔扇，在柱子上映出古朴的光斑

2
寿皇殿正殿前廊

○《大清五部会典（光绪朝）》所记载的祭祀规模最全面为节点定义时间。

○ 本着再现历史风貌和造价最优的原则有选择地恢复。

1

○ 综合考虑寿皇殿位置等相关因素，寿皇殿正殿局部复原展品中的紫檀属木材云龙插屏、神龛内去掉清代帝王画像，只做局部复原家具、基本陈设展示，通过电子触摸屏向游客介绍寿皇殿历史陈设情况。

○ 遵循典籍，梳理史料，再现场所庄严肃穆的祭祀氛围。

○ 恢复龛内常设及元旦云龙插屏等相关陈设，使寿皇殿的历史功能得以成体系地再现。

1 寿皇殿正殿天花装饰细部

2 布展后的寿皇殿正殿前厅

3 寿皇殿正殿展陈布置

1

2

3

1

○ 将电子触摸屏与围挡相结合，通过触摸屏展示龛位、插屏、大柜的陈设内容。

○ 通过围栏图示对应大清王部会典（光绪朝）中 7 座龛位、10 座插屏的位置陈设图。

○ 云龙大柜依据乾清宫“紫檀云龙连山大柜”设置。

○ 云龙插屏依据寿皇殿老照片、会典记载设置。

○ 依据中轴线实测图典记载、陈设档案布置展陈。

1

寿皇殿正殿展陈布置

2

紫檀云龙连山大柜

2

1

3. 寿皇门

进入寿皇殿的砖城门，前院的正面为寿皇门。前院东侧有神库，面阔五间，西侧有神厨，面阔五间，院落东西设有井亭二座。在寿皇门的两侧又有一道宫墙分割空间，形成内城。

寿皇门面阔五间，单檐庑殿顶覆盖黄色琉璃瓦，重昂五踩斗栱，金龙和玺彩画。寿皇门两侧有随墙门供人出入。今在寿皇门内仿制陈列金戟 120 支。

1

寿皇门前门钉

2

寿皇门内仿制陈列金戟

2

○ 内外朱漆戟架八座，插“银镦红杆金龙戟”120支，再现礼仪之门的壮观。

○ 参考图典及孔庙大成门列戟，呈现前低后高的布局。

4. 碑亭

碑亭始建于清乾隆十四年（1749 年），在衍庆殿与绵禧殿前各一座，八角重檐攒尖顶。碑亭内石碑分别由满汉文题写，石碑南面是乾隆皇帝御笔《重建寿皇殿碑记》，北面是《乾隆十五年五月初十日内阁奉上谕》。

○ 在碑亭外设置导览牌示，标注建成时间和碑文内容提要。

○ 碑亭前可滑动玻璃围栏上图解碑趺、碑身、碑额形制，丰富传统文化认知。

1
碑亭外导览牌图

2
碑亭外玻璃护栏

3
碑亭内石碑

4
井亭外玻璃护栏

1

2

3

5. 井亭

井亭始建于清乾隆十四年（1749 年）。井亭在寿皇门外东西两侧各一座，黄琉璃瓦盝顶。井亭内各有水井一口，供制作祭品时取水之需。

○ 在井亭外设置导览牌示，标注建成时间和碑文内容提要。

○ 井亭设置玻璃防护，其上做可移动石井圈和汲水模式的图解样本。

4

三、主题展览

1,2,3,4
神厨展陈布置实景

1. 神厨之“寿皇殿历史”主题展

寿皇殿始建于明代，原在景山东北。清乾隆时期重建寿皇殿，移位于皇宫建筑中轴线上，建筑规模和职能功用都有极大扩展。1929 年寿皇殿作为古物陈列所的一部分首次向社会开放；2018 年，修缮一新的寿皇殿正式对外开放。寿皇殿的悠久历史和沧桑变迁，为探究清代皇家祭祀文化提供了更多实证资料。

1

2

3

4

单元：

明代始建、景山东北；乾隆重建、鲜新追永；

庚子遭劫、国宝痛失；民国鼎新、收归国有；

少年宫立、古物移存；精心修缮、重新开放。

○ 本着据实还原的态度，以相关史料典籍颜色构成展陈背景。

、 ○ 以时间为序，突出中轴线上重要建筑——寿皇殿的来龙去脉是设置目的。

○ 以明代北京全图开始，以大修实录结束，用盛世文化自繁荣的重逢形成故事线的闭路循环。

○ 突出寿皇殿是自永乐年后中轴线基本形成后唯一添建的建筑。

○ 从继承传统—乾隆重建—重新大修的过程，见证中华民族的近现代史。

○ 以明代北京全图开篇表现永乐年间寿皇殿偏于中轴线的核心位置。

○ 以舆图、档案、史料证明此寿皇殿非彼寿皇殿。

○ 以时间为轴、以寿皇殿故事为视角见证古都变迁。

○ 以延时摄影的大修实录回顾寿皇殿重新回归大众视线的日日夜夜，铸铜中轴线宏观展现影响重大、各具功能的建筑，并突出寿皇殿添建的特殊意义。

1,2,3,4

西配殿展陈布置实景

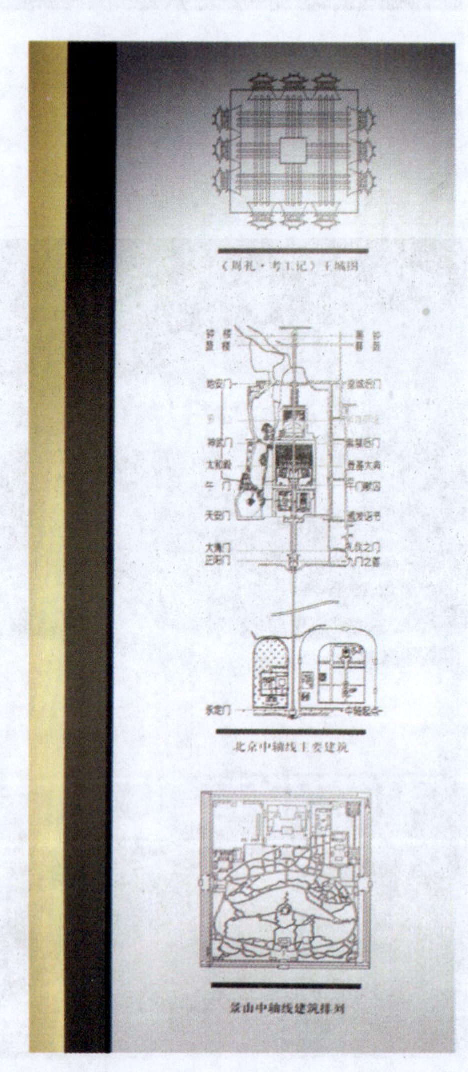

1

2

2. 西配殿之“寿皇殿建筑”主题展

西配殿始建于清乾隆十四年（1749 年），面阔七间，进深三间，用于存储寿皇殿正殿内陈设物品及祭祀礼仪时用的乐器。今在殿内设“寿皇殿建筑”专题展览。

展览分三个单元：①位列中轴 实近法宫，②砖城戟门 明堂九室，③沧桑文物 见证历史，全面展示了寿皇殿建筑群的建筑之美。

○ 捕捉场所精神，垂挂金属帷幔屏蔽灯具眩光，与原场所功能相得益彰。

○ 有效、含蓄的灯光，恰当的多媒体互动烘托，达到让“历史活起来的”的目的。

○ 以由整体到局部为逻辑，用手绘、模型等方式以文、物互证“论证式”的模式再现建筑功能。

○ 突出人无我有、人有我强的细节、特例，彰显寿皇殿隆重庄严的礼仪地位。

○ 从整体鸟瞰—不可移动文物—可移动文物，彰显寿皇殿的皇家身份。

3

4

1

○ 以地图配合语音讲解为开篇，以现实中难以实现的视角宏观鸟瞰整体规模。

○ 采取手绘历史的方式加入对内部人物活动的解读。

○ 剖析正殿建筑，以超常规视角将一大段描述变为直观的感受，根据《故宫物品点查报告》《陈设档》还原的东西配内部状况。

○ 以放大地图局部的形式循环播放寿皇殿随处精致的设计细节。

1

西配殿展陈布置实景

2,3,4

东配殿展陈布置实景

2

3. 东配殿之“寿皇殿祀礼”主题展

东配殿始建于清乾隆十四年（1749 年），面阔七间，进深三间，用于存储寿皇殿正殿内陈设物品及祭祀礼仪时用的乐器。今殿内作“寿皇殿祀礼”展陈。此展览分三个单元：①重建碑记 乾隆上谕，②敬奉神御 绵祀于万，③元旦大祭 抒忱观德，表现了清代寿皇殿元旦大祭、大丧仪等祀礼，庄严隆重，展示出皇权的威严和皇室的特权，也传承了中华民族慎终追远、敬祖孝亲的文化传统。

○ 帷幔与台组元素适合场所功能，呼应西殿，让观众始终行走在关联熟悉的语境之中。

○ 帝后画像、生前的珍玩收藏，突出寿皇殿与其他祭祀场所的迥异之处。

○ 以亲述、亲祭、亲历、亲听为逻辑，组织见人、见物、见精神的现代展陈。

3

4

○ 以实物和文献为佐证，突出寿皇殿兼具礼仪之高度与温度的“皇室内庙”的定位。

○ 从设置意义—祭祀器物准备—皇帝亲祭祀的参观流程，突出中华文化的“诚信”内核。

○ 借助拓片加强真实性，采用文、白互证的方式解读碑文内容。

○ 增悬诞辰、忌辰单，增加宫廷文化氛围，补充十二律、五音、乐章、乐器小知识。

○ 增加《光绪大婚图》图解乐陈，展示的结尾总结式地呈现《大清会典》中记载的皇帝亲祭寿皇殿之全貌。

1
东配殿展陈布置实景

2,3
西值房展陈布置实景

4
西值房外观

1

2

3

4

4. 西值房之“敬孝文化”主题展

西值房始建于清乾隆十四年（1749 年）。西值房建筑面积 128 平方米，是清朝寿皇殿建筑群的管理用房。今房内作“敬孝文化”主题展，分孝道经典、清室推崇、孝在民间三个单元，表现了中国自古以来的文化理念。

孝道伦理是中国传统道德的核心，生生不息，它是中国人品德形成的基础，受到高度的推崇，成为中国人的安身立命之道。由孝道文化衍生出的缅怀先祖、敬养父母、推恩及人、忠孝两全等行为准则，演绎着一个由个体到整体的修身、齐家、治国、平天下的文化体系。从传统中汲取“敬祖”文化和吸收“孝道”营养，对于融合家庭，道德自律，促进社会的和睦安定有积极的意义。

○ 从中华美德—皇室推崇—垂范民间的过程中彰显敬孝感恩在建构社会和谐中的重要作用。

○ 以甲骨文、画像砖、典籍等追述中华三千年的孝道演变。

○ 以《胪欢荟景》图册和《乾隆南巡图》恩赏耆老的图册表现清朝皇室“首崇孝道”。

○ 以古今“二十四孝”对比的形式，联系现代社会主义价值观。

后记

在北京古都的遗产建筑中，印象最深的当属“三山五园”与紫禁城。景山公园给大多数人的最初感知是它有可俯瞰故宫全景、一览京城中轴线及神韵布局的中峰万春亭，还有景山东坡山石之上那棵崇祯自缢处的古槐。在中央领导一再强调“保护好北京历史文化遗产金名片”的指示下，中轴线“申遗”已步上议程，从凸显北京历史文化的整体价值看，重审景山公园更有一番新价值。特别是2018年春节前夕，《中国建筑文化遗产》编辑部正式接受景山公园管理处委托，开展梳理以寿皇殿为主的景山公园景观遗产传播项目后，更让我们走近景山，更多的是从北京中轴线的文化渊源上重读景山公园这部“大书”。

从景山公园管理处编《景山公园》（北京燕山出版社，2015年3月第一版）读到，景山公园位于北京城南北中轴线的中心点上，曾是北京城中心的最高点，它是元、明、清三代的皇宫后苑，先后称青山（元代）、万岁山（元代）、镇山（元代）、景山（清代）等，于元代后宫延春阁上堆起的高40余米的土山（也称镇山）与以奉天门（今太和门）前的内金水河形成了“背山面水”的格局。正是这座人工堆砌的小山，异峰突起于北京小平原上，成为北京城中“君临天下，皇权至上”极为鲜明之标志。这些无疑赋予景山公园特殊的地位，从而使中轴线上建筑与景观在空间布局上最大限度地展示了“普天之下，唯我独尊”的大一统思想。有感于2018年6月，《中轴线申遗保护规划》编制完成，北京市文物局已推动景山公园观德殿二宫门及院落修缮工程、景山公园寿皇殿和消防设施改造工程等六项中轴线文物修缮项目，《中国建筑文化遗产》编辑部同人，在过去已开展调研学习基础之上，组织建筑摄影师冬、春、夏三季拍摄（含夜景拍摄），围绕新北京城市总体规划及北京正式推出的三大文化带重塑计划（北部长城文化带、东部大运河文化带、西部西山——永定河文化带）编撰文稿。全书的分工：篇一由《中国建筑文化遗产》编辑部完成；篇二在天津大学建筑学院文稿基础上做了部分删减；篇三由北京众邦供稿。全书定稿由景山公园管理处、《中国建筑文化遗产》编辑部共同完成。

北京如同伦敦、巴黎、罗马、东京一样，既是首都，又是世界文化名城及世界文脉的标志，延续历史文脉，北京已经体现了更宏大的布局。要重构北京中轴线的空间文化，重在要让中轴线“活起来”，要看到在如今的北京中轴线上，古代皇家建筑与现当代建筑、物质文化遗产与非物质文化遗产交相辉映，景山公园历经各朝代的变化，其总体空间格局得以维持。问题是面对景山公园在中轴线上“申遗”的地位与贡献力，在保护利用其“活化石”的功能上，还要加大对皇家祭祖、忠义文化、景山官学等文化内涵的挖掘与传播；要通过图书讲好景山公园的故事，要通过多种传媒方式在展示景山公园与故宫、景山公园何以是中轴线文化之巅等的联系上，提升公众对中轴线与中华文化的认知，进一步读懂景山公园再塑与中轴线申遗的关系。

《中国建筑文化遗产》编辑部同人及中国建筑学会建筑师分会的建筑摄影师，很荣幸投入到《中轴线上的景山》工作之中，尽管文图创作过程充满艰辛与考验，尽管美术编排与事件梳理也是挑战，但大家因能为景山公园建筑与文化价值提升、为中轴线申遗做些工作而感慨。它无疑是献给北京乃至世界的人文建设的礼物。

《中国建筑文化遗产》编辑部

2019年3月

Among the historical buildings in Beijing's old city, the most impressive ones are the "Three Mountains and Five Parks" and the Forbidden City. When mentioning Jingshan Park, most people will think of the panoramic view of the Forbidden City, the Wanchun Pavilion on its middle summit which overlooks the entire Central Axis, and the ancient scholartree on the east slope where Emperor Chongzhen hanged himself. Under the direction of the central leadership which has repeatedly emphasized the importance of "protecting Beijing's cultural heritage", the application for the Central Axis to be included as part of the world's cultural heritage has been placed on the agenda. From the perspective of highlighting the overall historical and cultural values of Beijing's old city, it is imperative to re-examine Jingshan Park. On the eve of the Chinese New Year 2018, the editorial department of China's Architectural Heritage officially accepted the commission of Jingshan Park Management Office to study Shouhuang Hall and other ancient structures of Jingshan Park. The project has helped us re-examine Jingshan Park in the context of the cultural origin of Beijing's Central Axis.

Jingshan Park (1st edition, published by Beijing Yanshan Publishing House in March 2015) edited by the Jingshan Park Management Office says: Jingshan Park is located at the center of the north-south

万春亭

axis of Beijing City. Once as the highest point of the central area of Beijing, it was an imperial garden for the royal families of the Yuan, Ming and Qing Dynasties. Jingshan used to go by different names, including Qingshan (Yuan Dynasty), Shoushan (Yuan Dynasty), Zhenshan (Yuan Dynasty), and Jingshan (Qing Dynasty), piled up on the Yanchun Pavilion in the Hou Dynasty. Chinese fengshui culture believes it is favorable if a structure is backed by a hill and faces water. Jingshan, together with the 40-meter-high artificial hill (Tushan or Zhenshan) and Jinshui River in front of Fengtianmen (now Taihemen), forms such a favorable pattern for the Imperial Palace. This artificial hill on the small plain of Beijing is a distinctive symbol of imperial supremacy in ancient China, which is why Jingshan Park is so important. The spatial pattern composed of Jingshan and other structures and landscape sites along the Central Axis fully demonstrated this kind of imperial supremacy. In June 2018, the Plan to Apply for UNESCO World Heritage Recognition for Beijing's Central Axis was completed. The Beijing Municipal Administration of Cultural Heritage, Jingshan Park has completed six cultural heritage restoration projects along the Central Axis, including the restoration of the second gate and the garden of the Guande Hall, and the repairs of the Shouhuang Hall and its fire facilities. In addition to the research done by the editorial department of China's Architectural Heritage on commission, architectural photographers were invited to shoot Jingshan in winter, spring and summer (including night scenes). Articles on the new urban master plan of Beijing and the three major cultural reinvention plans (Great Wall Cultural Belt in the North, the Grand Canal Cultural Belt in the East, and the Xishan – Yongding River Cultural Belt in the West) have been written. Part One of this book was completed by the editorial department of China's Architectural Heritage; the second part was contributed by the School of Architecture of Tianjin University (later edited); and the third part was contributed by Beijing Zhongbang Exhibition Co., Ltd. The final draft of the book was completed by the Jingshan

Park Management Office and the editorial department of China's Architectural Heritage.

Like London, Paris, Rome, and Tokyo, Beijing is both a capital city and a world–renowned cultural city. As part of the world's cultural heritage, Beijing has already developed a grand plan to increase its historical and cultural appeal. To restore Beijing's Central Axis to its historical splendor, it is important to seek ways to "revive" it and create synergy between ancient imperial buildings, modern and contemporary buildings, and tangible and intangible cultural heritage along the Central Axis. Jingshan Park has undergone major changes in various dynasties, but its overall spatial pattern has been maintained. The challenge is how to correctly look at Jingshan Park's position in the application for the Central Axis to be included as part of the world's cultural heritage, how to protect and rationally use its historical values and functions, and how to dig deeper into the cultural connotations associated with ancestor veneration, loyalty to the Emperor and the Jingshan official school. It is necessary to use books as a tool to tell the stories of Jingshan Park, leverage modern technologies to demonstrate the connection between Jingshan Park and the Forbidden City, and improve the public's understanding of the important position of Jingshan Park on the Central Axis, the Chinese culture, and the application for the Central Axis to be included as part of the world's cultural heritage.

We would like to express our gratitude to the editorial department of China's Architectural Heritage and the architectural photographers of the Architects Branch of the Architectural Society of China for their contributions to Jingshan on the Central Axis. Despite the challenges in the compilation and editing process, we are honored to contribute to the restoration of the buildings and cultural values of Jingshan Park and the application for the Central Axis to be included as part of the world's cultural heritage. Undoubtedly, this book will contribute tremendously to the development of Beijing and the advancement of humanity.

Editorial Department of China Architecture Cultural Heritage
March 2019

《中轴线上的景山》编委会

编委会主任：丛一蓬
编委会副主任：金　磊　宋　愷　汪　兵
编　　委：陈艳红　都艳辉　刘曌星　连英杰　张凤梧　周悦煌
洪　烨　殷力欣　韩振平　李　沉　苗　淼　崔　勇
郭　倩　朱有恒　董晨曦　季也清

主　　编：丛一蓬
策　　划：金　磊　陈艳红
执行主编：陈艳红　苗　淼

版式设计：朱有恒
摄　　影：中国建筑学会建筑摄影团队　万玉藻　李沉　朱有恒
金　磊　殷力欣　等

英文翻译：中译语通科技股份有限公司

图书在版编目(CIP)数据

中轴线上的景山 / 北京市景山公园管理处主编. —
天津:天津大学出版社，2019.4（2025.5重印）
ISBN 978-7-5618-6388-6

Ⅰ.①中… Ⅱ.①北… Ⅲ.①景山—介绍
Ⅳ.①K928.73

中国版本图书馆CIP数据核字(2019)第063013号

Zhongzhouxian Shang de Jingshan

策划编辑：金　磊　韩振平
责任编辑：刘　浩
版式设计：朱有恒

出版发行　天津大学出版社
地　　址　天津市卫津路92号天津大学内（邮编：300072）
电　　话　韩振平工作室 022-27402281
网　　址　publish.tju.edu.cn
印　　刷　河北晔盛亚印刷有限公司
经　　销　全国各地新华书店
开　　本　210mm×265mm
印　　张　10
字　　数　54千
版　　次　2019年4月第1版
印　　次　2025年5月第2次
定　　价　98.00元